AF242804

PLAN

POUR

FORTIFIER PARIS.

Explication de la Muraille qui pourrait entourer Paris, en renfermant dans son sein moitié plus de Terrain qu'il n'y en a.

PAR

Lucien Absolon CHARBONNEL.

A PARIS.

Imprimerie de Pollet, Soupe et Guillois,

Rue Saint-Denis, 380.

1840.

PLAN
POUR FORTIFIER PARIS.

Explication de la muraille qui pourrait entourer Paris, en renfermant dans son sein moitié plus de terrain qu'il n'y en a.

1° Faire passer la Seine par un embranchement qui ferait le tour de Paris, et qui, en bordant le dehors de la muraille, rendrait la prise d'assaut impossible.

Cet embranchement aurait lieu à son embouchure, en bas de la plaine d'Ivry. Les terres de son lit serviraient à faire l'élévation de la muraille.

La Marne peut aussi servir cette fortification.

2° Cette muraille aurait trois étages garnis de canonnières ; en haut, un garde-four de 5 pieds de hauteur sur 3 pieds d'épaisseur, enfin à l'épreuve du boulet. Il faudrait y laisser place pour dix-huit cents canonnières, et deux cent mille canonnières, pour les fusils seulement, aux deux premiers étages.

3° Autant de tours que de grandes routes et de barrières, et dont leur élévation serait de 20 pieds au-dessus de la muraille. Elles seraient braquées de trente pièces de gros calibre, ajoutées à chacune d'elles.

Un pont-levis à chacune des barrières.

4° Pratiquer deux écluses à l'entrée de la plaine d'Ivry, qui feraient monter l'eau à pleine rive autour de la muraille. Par ce moyen, la rivière coulera également dans son ancien lit; en supprimant le passage de la Seine au cœur de Paris, les écluses deviennent inutiles.

5° Défense de construire à l'avenir qu'à une demi-lieu autour de Paris. Cette muraille enveloppera une grande partie de la banlieue, telle que Batignolles, Monceaux, Neuilly, Vaugirard, Passy, Bercy, la Villette, etc., etc.

6° L'achat de ce nouveau terrain se trouvera compensé par la vente de l'ancienne muraille, dont les matériaux peuvent servir à construire la nouvelle. Le terrain de l'ancienne est le double plus cher à cause de sa position commerciale.

7° Après cette muraille faite, dès-lors notre armée peut se poster d'un côté de la capitale et empêcher de la bloquer. Cent mille Français pourront la garder, et une armée de trois ou quatre cent mille hommes en dehors pourrait avoir l'avantage sur deux millions d'individus qui voudraient l'assiéger.

Fasse le ciel que le roi et nos chambres veuillent comprendre l'utilité d'une chose bien plus facile à faire que les chemins de fer de Paris à Orléans !

Si ce travail eut existé en 1813, la France aurait aujourd'hui un milliard de plus et ses provinces qu'elle a perdues.. Sans compter tous ces avantages, en cas de guerre, toutes les fortunes qui s'y réfugieraient feraient le désespoir de nos' ennemis et assiéraient pour toujours la dynastie toute noble d'Orléans, que la nation y a placée, au grand regret de quelques envieux qui semblent nous menacer, parce que nous avons, contre leur vouloir, choisi un roi capable d'être grand et victorieux.

8° Les forteresses que l'on se propose de faire n'empêcheront pas les ennemis d'entrer s'ils sont en grand nombre ; en un mot, ces forteresses ne seront qu'un demi-remède, car l'ennemi les éludera, comme il fit des buttes Saint-Chaumont.

6° Une muraille de 30 pieds, sans la Seine en dehors, peut s'affranchir par des troupes aussi belliqueuses que celles que nous aurons tôt ou tard à combattre.

Les Français en ont franchi de plus hautes dans

des pays où les villes n'étaient pas des bas-fonds comme est située notre capitale.

10° En moins de dix années, le gouvernement aura récupéré ses frais. D'un autre côté, il faudra la moitié moins d'employés à la douane, et la fraude deviendra presque impossible.

11° La muraille couperait en ligne directe depuis la plaine d'Ivry, y compris une partie du pays, et viendrait renfermer Grenelle et reprendre son lit vers le haut de Passy.

12° L'autre branche de la Seine, celle du nord, renfermerait une grande partie des petits pays, en passant au pied des buttes Saint-Chaumont. Là les deux embranchements de la Seine viendraient se rejoindre, en bas de Neuilly, par des contours qu'on lui ferait faire.

On trouverait le canal, qui la fortifierait en passant par la branche du nord. Le calcul en est aussi aisé que les travaux. Tenir aux lignes droites de cette muraille est folie, mais profiter, en passant, des monticules, des données qui pourraient nous faciliter à écraser l'ennemi.

Tout le temps que nos ingénieurs perdront à tirer des plans, pourrait servir à creuser le lit de la Seine. Quand il n'y aurait que le lit, et des batteries bien établies, élevées de quatre ou cinq pieds,

5

Dans le cas où l'on n'aurait pas le temps de la finir ; chose qui pourrait bien arriver.

Le 2 octobre, j'étais dans la plaine d'Ivry. J'ai vu ces Messieurs qui dressaient des plans qui me semblaient assurément bien développés. Cela n'empêcha pas mon opinion de revenir à mon premier dire :

L'ennemi ne viendra pas passer par là, il lui restera vingt endroits propres pour passer et pour bombarber notre Paris. J'ai depuis bien des années, réfléchi à cette muraille qui devrait être faite et qui le sera tôt ou tard.

Faisons donc de suite ce qu'il faut ; ne serait-ce que pour épargner le sang de nos nobles et courageux soldats.

Je sais parfaitement que notre grand Roi n'a pas besoin de cela pour s'immortaliser : ses nombreux travaux depuis dix ans surpassent ceux de l'empire, ceux de Louis XVIII et de Charles X !

Plus la muraille sera reculée plus la ville est à couvert en raison du bombardement.

Secondé par nos tours qui seraient garnies de pièces de gros calibre, Paris serait à couvert de nos ennemis par la raison que nos grosses pièces porteraient un quart plus loin que les leurs.

Oui ! je le répète, les ponts-levis étant levés, la

Seine voguant à pleine rive autour de la muraille, nous n'avons plus qu'à aviser au moyen de chasser l'ennemi de notre patrie. Nos provinces, confiantes sur les forces de Paris, se lèvent en masse, vont droit à l'ennemi et le chassent en le forçant d'être pris entre deux feux ; attendu notre armée qui se tiendrait en dehors pour empêcher un blocus.

Jugez de l'avantage d'un pareil plan… On sait que Paris ne peut rester longtemps dans un blocus, vu sa grande population qui y existerait. On en a vu l'expérience au bout de cinq ou six jours, dans les journées de juillet 1830, qui répandirent dans la capitale une sorte de frayeur. Plus de pain, les denrées commençaient à manquer chez les fournisseurs. Avec cette muraille, plus de blocus…

Comme je l'ai fait observer un peu plus haut, les barrières qui entourent Paris ne servent à rien, l'ennemi peut les éviter toutes en général. Il ne faut pas aujourd'hui à la muraille qui entoure Paris, plus de vingt coups de canon pour faire brèche partout où on voudra. Elle ne peut passer pour rien en fait de forteresse !

Je ne prétends pas donner cela comme une nouvelle. Je voudrais seulement qu'on ouvrît les yeux, et que, comme moi, on s'aperçût que Paris est à découvert pour ne pas dire aux trois quarts ; car il l'est en tous sens au moins à moitié.

Si le bonheur voulait qu'on daignât me comprendre, on commencerait les travaux par les plus faibles : par exemple, la plaine d'Ivry, et tant d'autres.

Quand à moi, citoyens français, on ne me soupçonnera pas de vouloir chercher à m'ingérer pour gagner de l'argent. J'offre mes faibles moyens au prince que nous avons glorieusement élevé, lui et son auguste famille.

Plût au ciel que mes avis et mes faibles capacités, pussent leur être utiles comme le sang que j'ai vesé en 1830, et que je me propose encore, quoique blessé, de répandre, si l'on venait pour lui enlever la couronne que nous lui avons mise sur la tête !

Car tant que les Français auront du sang dans les veines, ils ne souffriront jamais un roi que les baïonnettes étrangères leur auraient donné !

Fait par moi,

Lucien Absolon CHARBONNEL.

Octobre 1840.

Imprimerie de Pollet et Cie, rue St-Denis, 380.

www.ingramcontent.com/pod-product-compliance
Lightning Source LLC
Chambersburg PA
CBHW051344050726

47595CB00006B/2398